AF268164

LA
QUESTION DE CONSCIENCE

AU TEMPS ACTUEL

PAR

ÉMILE ACOLLAS

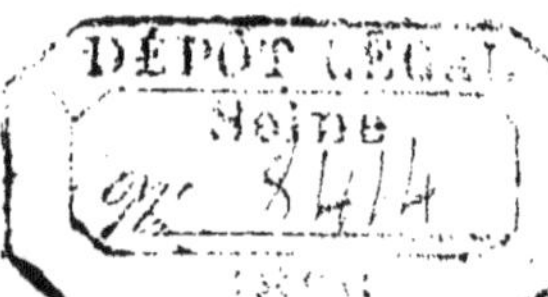

« La première autonomie à créer,
c'est l'autonomie de l'individu. »

(Extrait du *Phare de la Loire*, nᵒ du 10 octobre 1866.)

PARIS

LIBRAIRIE DE MADAME VEUVE GAUT,

GALERIES DE L'ODÉON.

1866

TIMBRE
IMPERIAL
SEINE
5
cen

QUESTION DE CONSCIENCE

AU TEMPS ACTUEL

I

Lorsque Albert le Grand et Roger Bacon, Léonard de Vinci et Paracelse (1), eurent fait prévaloir dans les sciences de la nature la méthode expérimentale, lorsqu'à la suite de ces hommes immortels d'autres génies se levèrent, que Kopernik, Giordano Bruno, Kepler, Galilée, Harriot,

(1) Liebig (*Lord Bacon*, tr. par Pierre de Tchihatchef) et Claude Bernard (*Introduction à la médecine expérimentale*) en restituant aux véritables initiateurs de la méthode expérimentale la gloire qui leur appartient, ont enlevé au chancelier Bacon de Verulam le titre usurpé de régénérateur des sciences. Les moralistes, comme le remarque M. de Tchihatchef, ne peuvent qu'applaudir à la chute de Bacon. N'est-ce pas, en effet, l'une des discordances les plus choquantes de rencontrer unies la beauté intellectuelle et la difformité morale ?

Voir aussi sur la question des origines de la méthode expérimentale, Pouchet, *Histoire des sciences naturelles au moyen âge* ; A. de Humboldt, *Kosmos*. Daremberg, *Histoire de la médecine*, qui paraît n'avoir point connu Liebig et qui a certainement ignoré Claude Bernard, n'a rien dit qui dût ébranler ces conclusions.

Gilbert, Stevin, Harvey, eurent jeté les fondements de l'astronomie, de la physique, de la mécanique, de la physiologie, c'en fut fait pour jamais de la synthèse chrétienne ; le monde extérieur lui échappa. Immense ébranlement, à peine entrevu ou ignoré même de ses promoteurs !

Descartes parut posant le doute pour prémisse de la philosophie. Avec lui se déroba l'autre moitié du monde, la conscience humaine.

Dès lors, affranchi du joug théologique, l'esprit nouveau prit l'essor ; il marcha d'un pas continu à la conquête de la science de l'homme et de la nature ; le XVIII° siècle n'eut qu'à en dévoiler les progrès pour que l'anéantissement de l'ordre ancien devînt manifeste.

Ce fut la révolution française qui promulgua les résultats de ce grand travail, révolution universelle, en vérité, et avec d'autres dimensions effectives que la doctrine qu'elle venait remplacer.

La Révolution française ouvre ainsi l'ère du Droit et de la Liberté, mais elle n'est point parvenue à les fonder ; l'enfantement qu'elle a commencé dure encore.

Chronologiquement limitée au 18 brumaire, la Révolution française a entrevu l'idéal nou-

veau ; elle a formulé dans une impérissable de-
vise la loi la plus haute de l'émancipation et de
l'harmonie du genre humain, elle a établi quelques bases, déposé quelques germes, surtout elle
a répandu dans le monde cet esprit qui n'a jamais réalisé plus de victoires que lorsqu'il a paru
être vaincu, qui est resté le point fixe et la ter-
reur de tous les despotismes, l'espoir invincible
de toutes les oppressions.

Quelle œuvre avons-nous donc à accomplir,
nous hommes du temps présent et fils de la Révolution ?

Le mouvement qui emporte, depuis le XIIIe siècle, les sciences de la nature, n'a fait que s'accé-
lérer de nos jours en Allemagne, en France, en
Angleterre, en Italie ; de Gœthe, Lavoisier, Berthollet, Laplace, Bichat, de Blainville, Lamark,
Cuvier, Geoffroy Saint-Hilaire, jusqu'à Moles-
chott, Büchner, Liebig, Chevreul, Berthelot,
Arago, Claude Bernard, Charles Robin, Lyell,
Darwin, Herbert Spencer, de Filippi, que de
noms ont marqué les étapes du progrès et de
la généralisation scientifique dans l'ordre des
sciences naturelles ! La description raisonnée du
Kosmos est devenue possible !

L'industrie a suivi de près; elle a réalisé tant et de si importantes conquêtes, que jamais aucune époque ne vit éclore du génie de l'homme plus de merveilles.

En même temps, les sciences sociales ont accumulé les éléments de la reconstitution économique; elles ont vulgarisé les solutions déjà éprouvées; elles en ont fait pressentir de nouvelles, de plus radicales, de plus complètes, et l'on a pu se croire arrivé au seuil de cette terre promise à l'homme affranchi, vers laquelle marche le genre humain depuis qu'il existe.

Une lacune est pourtant demeurée, lacune incomparable, se creusant chaque jour, menaçant d'engloutir un si prodigieux développement, et par où, dans la patrie même de la Révolution, toutes les réactions ont passé !

Qu'est devenue la conscience en Europe? Qu'est devenu le soleil moral de l'enthousiasme, ce soleil qui vivifie les individus et les peuples, et faute duquel individus et peuples, bétail humain, se ruent à la servitude?

Ce qu'est devenue la conscience, la science, le sentiment et l'énergie du bien; ce que sont devenues dans les esprits et dans les cœurs l'idée et la volonté du droit, de la liberté, de la responsabilité, demandez-le à l'éclectisme de ce siècle, à l'histoire d'hier, et contemplez la situation d'aujourd'hui!

Qui osera nier que, depuis les temps de la grande Révolution, le niveau moral n'ait baissé; que la flamme sainte n'ait pâli, que le froid n'ait gagné les meilleurs?

Regardez nos arts, notre littérature, cette expression de la société!

Nos arts, sans direction, flottent des reproductions les plus serviles aux fantaisies les plus malsaines; le métier s'efforce d'y remplacer la pensée et l'honnêteté.

Notre littérature, contemplez-la dans ses représentants, même les plus notables.

Ici elle a les visées hautes, elle extrait la pure essence psychologique; elle professe la religion du *moi* humain; elle nous propose des types remplis de sérénité qui se sacrifieraient le monde (1).

____

(1) Comparez *Jacques* et *le Dernier amour* de George Sand; assistez à la déplorable décadence d'un beau talent qui ne survit pas à la sincérité et qui, pour châtiment, ne rencontre, à la poursuite de la conscience, que les plus égoïstes, les plus monstrueuses, les plus chimériques abstractions.

.. Là elle se fait physiologie, elle possède la science des fonctions, elle sait le secret des besoins, elle y allie le goût de l'obscène; elle a pour but suprême le laid et recherche curieusement le difforme; elle aime à peindre la plus vulgaire et la plus basse réalité.

O ravalement de la conscience, chute du cœur et de l'esprit, abondance et prolixité énervées! Mais qu'a-t-on donc fait des grandes voies où respire l'idéal, où se meuvent l'âme, la passion, la vie (1)?

Et la presse, à son tour, où en est-elle? où en est ce tuteur, ce prêtre, ce pionnier, ce soldat?

La presse avait pour mission de raffermir les courages et de reconforter les faiblesses, de rapprocher et d'unir les cœurs, d'opérer la fusion des esprits, de découvrir les horizons nouveaux, de lutter pour le triomphe de l'idée, de se porter partout où un droit était méconnu, une vérité obscurcie et la conscience publique en péril.

La presse fait-elle ce qu'elle peut, tout ce qu'elle peut?

(1) Un écrivain, et cet écrivain est une femme, Mme André Léo, proteste, par son viril exemple, contre cette honteuse désertion. Saluons en elle, avec une sympathique confiance, les premiers indices d'une régénération littéraire.

Ah! n'examinons pas! Voilons les soucis de l'intérêt propre, les misères des coteries, les prudences et les réserves des habiles, la crainte des compromissions; voilons les reniements, les vénalités.

On accuse la législation; certes nous ne sommes pas avec ceux qui la défendent. Est-ce cependant cette législation qui empêche toute élaboration sérieuse, toute convergence vers des points communs, toute discussion des questions qui sont les prévisions de la veille et les nécessités du lendemain; est-ce cette législation qui produit l'insignifiance des polémiques, l'exaltation des personnalités, l'envahissement de la chronique et de la réclame industrielle? Est-ce cette législation qui éteint chez l'écrivain le sentiment de sa dignité, le feu de sa conscience, la vertu propagatrice de son enseignement?

Qu'on fasse à la législation la part d'influence que l'on voudra, est-il certain que cette législation disparaissant, la liberté politique suffirait aujourd'hui à régénérer la presse?

Et qui donc ne le sait, qui donc ne le voit, qui donc ne sent que la conscience est en détresse?

N'attendez pas la guérison de cette société de

l'accident ; ne l'attendez ni du progrès des sciences physiques (1) ni des victoires de l'industrie, ne l'attendez pas de la solution qui mettrait l'instrument de travail à la portée de l'effort honnête ! Liberté politique, avancement de la science, prise de possession de la nature, solidarité des intérêts, formules mensongères cachant le triomphe et l'épanouissement de l'égoïsme, si l'idéal ne resurgit au fond des cœurs !

La Révolution française, dont nous datons, n'est immortelle que parce qu'elle a été une explosion de la conscience et de l'enthousiasme, tout autant que de la science et de la raison.

Une de ses personnifications les plus complètes, Condorcet, trace sous le couteau l'esquisse émue des progrès de l'esprit humain. Au moment

---

(1) Berthollet et Laplace, pour ne citer que deux noms, avaient embrassé avec ardeur les principes de la Révolution ; après le 18 brumaire, ils se prosternèrent devant la fortune de Bonaparte.

Il y a de nos jours des reniements plus misérables ; tel qui, simple docteur, professa l'unité de substance et la continuité de composition ou enseigna la théorie de la génération spontanée, sait ce qu'il doit à l'Institut et à la science des bons principes : il chante la palinodie.

La science ne développe donc pas par une conséquence nécessaire la conscience des individus. Or, les individus composent les peuples.

où éclate la nouvelle de la convocation des États généraux comme à celui où succombent les grandes victimes de prairial, c'est toujours, dans les cœurs qu'elle a touchés, le même miracle de conscience et d'enthousiasme !

————————

II

Ne pouvons-nous donc renouer la chaîne des temps? Notre chute est-elle fatale? Sommes-nous sans remède les *Français de la décadence* (1)? Est-il si difficile de reprendre au droit, au devoir, à l'amour, à la vie ?

Quoi! la France connaît le but, la France travaille; depuis soixante ans elle est préoccupée de reconstituer la synthèse sociale; elle a suscité Saint-Simon, Fourrier, Auguste Comte, et elle ne chercherait pas à combler le vide immense qui s'est fait dans son esprit et dans son cœur, elle consentirait à inscrire chez elle le *hic jacet* de la conscience !

Il faut se relever, vivre, non pas seulement savoir, mais relier sa science, l'organiser en vue d'un idéal et aimer cet idéal.

Déjà de généreux écrivains (2) ont pris l'initiative, et le succès a récompensé leur courage.

(1) C'est la qualification dont un très-spirituel écrivain vient de flageller nos bassesses (*Les Français de la décadence*, par Henri Rochefort).

(2) Les rédacteurs de la *Morale indépendante*. Le mouvement se propage ; deux journaux qui viennent de paraître, *la Libre Conscience* et *la Libre Pensée*, chacun, à un point de vue différent, ont pour principal but de le pousser en avant.

Ils ont essayé de fonder la science de la conscience.

Est-ce que cela peut suffire? est-ce qu'il ne faut pas à cette science un terrain pour y germer? Où sera ce terrain si nous ne réveillons les cœurs endormis, si nous ne commençons la sainte agitation pour le sens moral, si nous ne mettons sur toute la ligne les questions de conscience à l'ordre du jour de la démocratie?

Eh bien! commençons par y mettre les plus graves, celles qui se rattachent aux institutions sociales.

La Déclaration des droits de l'homme a laissé dans l'ombre tout un côté de la justice (1); elle a oublié de proclamer le droit de la femme et le droit de l'enfant.

Grave oubli et qui, à lui seul, expliquerait

(1) Notre excellent ami, le Docteur Clavel, qui a publié sur les principes de 1789 une des plus sérieuses et des plus remarquables études de ce temps, a signalé, avec l'indépendance de sa vaste science et de son éminent esprit, l'omission que présente la Déclaration des Droits au point de vue économique (*Examen et critique des principes de* 1789, par le Docteur Clavel); nous l'avons nous-même indiquée, dans notre Refonte de l'ensemble des Codes; mais nous maintenons que cette omission si importante n'est que secondaire, en comparaison de celle du droit de la femme et du droit de l'enfant.

mieux les échecs successifs de la Révolution que l'imperfection de toutes nos constitutions politiques.

La première autonomie à créer, nous le répétons ici avec une conviction fortifiée par d'éminents suffrages, c'est l'autonomie de l'individu.

Cette autonomie suppose avant tout l'affranchissement et la régénération de l'individu dans sa conscience et dans son cœur; elle suppose la transformation de la famille; faites donc place dans vos déclarations de droit et dans vos institutions à la femme et à l'enfant.

La question capitale pour la femme, c'est le mariage; introduisons la justice dans le mariage.

Le droit essentiel pour l'enfant, c'est le droit à la protection de son père et de sa mère, sous une règle d'émancipation graduelle; occupons-nous de réformer la loi, en tant qu'elle contredit ce droit essentiel et abrogeons d'abord la législation de l'enfant né hors mariage (1).

---

(1) L'heure est venue pour les femmes de prendre en main la cause des femmes; qu'elles ne craignent pas de rester isolées dans la revendication de leur droit; tout ce qu'il y a de vivant dans la démocratie les appuiera ; les hommes les plus autorisés ont compris que la transformation dont dépendent toutes les autres est celle du foyer.

Les enfants nés hors mariage forment à leur tour une nation

Prenons une à une toutes les questions de conscience qui peuvent revêtir une formule légale ; reconstituons pièce à pièce l'édifice de la conscience dans les mœurs ; la conscience catholique est détruite ; fondons la conscience nouvelle qu'attend l'unité nouvelle.

Ainsi sera close l'évolution de la pensée humaine, répudiant les révélations et réorganisant l'ensemble de la science, ainsi sera accomplie la Révolution française, ainsi le droit de chacun au libre développement de ses facultés sera établi, ainsi la démocratie aura été sauvée de son plus redoutable péril.

dans la nation et une nation mise hors la loi ! Qu'ils se lèvent, eux aussi, ces 1.500.000 parias ; qu'ils se concertent, qu'ils agissent et qu'avec l'un d'eux qui nous tenait naguère à nous-même ce fier langage, ils répètent : « Au risque de voir les âmes timorées crier au scandale, je suis prêt à revendiquer un droit imprescriptible ; je ne m'effraye pas pour si peu, et je redirai cette parole d'une assemblée du Tiers-Etat de 1789 : « Enfin, c'est justice que nous demandons. »

Paris. — Typ. A. PARENT rue Monsieur-le-Prince, 31.